CUPCAKE

50 Recettes Faciles

ACADEMIA
BARILLA

SOUS LA DIRECTION DE
ACADEMIA BARILLA

PHOTOGRAPHIES
ALBERTO ROSSI
CHEF MARIO GRAZIA

RECETTES
CHEF MARIO GRAZIA

TEXTES
MARIAGRAZIA VILLA

CONCEPTION GRAPHIQUE
MARINELLA DEBERNARDI

COORDINATION ÉDITORIALE ACADEMIA BARILLA
CHATO MORANDI
ILARIA ROSSI

SOMMAIRE

LE PLAISIR D'UN GÂTEAU... EN MINIATURE

Il suffit de regarder un cupcake pour avoir envie de sourire.

Anne Byrn, food writer

Irrésistibles. Parfaits, dans la caresse mesurée de leurs petites dimensions. Colorés et sans cesse renouvelés, dans le sourire de leurs infinies décorations. Très élégants, dans l'étreinte du ramequin qui les habille avec soin. Les cupcakes sont de délicieux gâteaux en miniature. Moelleux, gais et originaux. Avec un zeste de magie, le grand devient petit, sans pour autant perdre ses douceurs. Bien au contraire, il en acquiert de nouvelles. Les cupcakes pourraient très bien trôner sur la table de cuisine d'une dinette. Ou dans le panier de pique-nique d'une adorable famille d'elfes... Ce n'est d'ailleurs pas par hasard s'ils sont aussi appelés en Angleterre « fairy cake », c'est-à-dire « gâteaux des fées ».

Mono-portion, portatifs, gourmands et sublimes à voir, les cupcakes (littéralement, « gâteaux en tasse ») sont de tendres miniatures de gâteaux, d'origine typiquement anglo-saxonne, décorés de glace, *frosting*, crèmes, ganaches au chocolat, petites dragées ou autres motifs en pâte de sucre ou massepain. Ils sont cuits dans de petits ramequins en papier sulfurisé. Nés aux États-Unis, ils sont devenus depuis quelques années très populaires aussi en Europe. Partout, ils sont idéaux pour accompagner un thé de l'après-midi avec des copines ou pour organiser des goûters hors du commun, mais aussi pour ajouter une touche *glamour* aux fêtes d'anniversaire et aux réceptions en général.

L'origine des gâteaux en tasse

La première citation des « gâteaux à cuire dans de petites tasses (ou coupes) » apparaît en 1796, dans l'ouvrage *American Cookery* d'Amelia Simmons, ancêtre des recueils de recettes américains. Le terme « cup-

cake », quant à lui, fut utilisé pour la première fois en 1828. Le nom de ces mini-gâteaux dérive presque certainement de la méthode de cuisson en tasse (la plus commune avant l'invention des moules ou des ramequins actuels) mais, selon certains textes historiques, il pourrait être lié aussi à l'habitude, éminemment anglo-saxonne, d'indiquer les quantités des ingrédients en tasses plutôt qu'en poids.
La mode des cupcakes s'affirme en très peu de temps, grâce aussi à leur facilité et rapidité d'exécution et de cuisson. Le fait de préparer un gâteau de petites dimensions demande moins d'effort et permet en même temps d'économiser du temps et du charbon pour le four à bois. Mais ce n'est qu'après la Première Guerre Mondiale que le commerce de ces mini-gâteaux, conditionnés et vendus individuellement, commence à se développer.

Le parent pauvre : le muffin

Pour les Américains, les cupcakes sont la version féminine des muffins. Il s'agit dans les deux cas de petits gâteaux mono-portion, préparés avec des ingrédients très simples. Mais les analogies s'arrêtent là. A commencer par l'apparence : les muffins sont légèrement plus hauts, leur pâte est plus grossière et leur petit dôme (appelé « muffin top », expression qui désigne aussi la bedaine de ceux qui ne résistent pas devant la vitrine d'une pâtisserie...) déborde légèrement du ramequin, contrairement à la tête plate des cupcakes, prévue pour accueillir la décoration.
Les origines des muffins, qui ne comportent pas de décoration et qui conservent un caractère nettement plus rustique, ne sont pas du tout nobles. Ils naissent en Angleterre, à l'époque victorienne, où ils sont préparés à partir de pain rassis, de restes de pâte à biscuits et de pommes de terre bouillies, et destinés à être consommés par les domestiques. Il faudra attendre le XXe siècle pour que les muffins commencent à ressembler davantage à un gâteau qu'à du pain.

Autre différence : les muffins sont habituellement consommés dans un moment différent de la journée par rapport aux cupcakes. Généralement, au petit-déjeuner, lorsqu'il faut faire le plein d'énergies pour affronter la journée. C'est aussi pour cette raison qu'ils sont un peu plus gros que les « gâteaux en tasse » et dépourvus de jolies décorations.

Le parent italien : le « sospiro di monaca » (soupir de bonne-sœur)

Les cupcakes « old-fashioned » prévoient un nappage (ou glace), un fourrage à la crème et une décoration, généralement une petite cerise confite placée au sommet du gâteau. Dans cette version, ils rappellent une pâtisserie italienne traditionnelle, appelée « Sospiro di monaca » et originaire de Bagnara Calabra, en Calabre.
Déjà mentionné dans des livres de cuisine du XVIIIe siècle, cette typique pâtisserie transalpine aurait été créée par un pâtissier de Bagnara Calabra pour contenter une jeune fille du village, laquelle souhaitait offrir à son amoureux quelque-chose de délicieux, ayant la forme d'un petit gâteau rond, fourré de crème pâtissière et nappé d'une glace sucrée blanche avec une cerise au milieu. Un gâteau tellement sublime qu'il aurait pu faire soupirer même une bonne-sœur... Selon d'autres auteurs, beaucoup moins romantiques, ce gâteau, constitué de deux moitiés de génoise, maintenues par le fourrage et le nappage, aurait été créé par le pâtissier calabrais en s'inspirant des... seins de sa bien-aimée.
En Sicile aussi, à Messine, l'on prépare un gâteau du même nom et ayant la même forme. Il est légèrement plus simple et son goût est plus délicat : le fourrage est à base de ricotta et la seule décoration est constituée d'un saupoudrage de sucre glace.

Les mille variantes de la pâte des cupcakes

Comme c'est le cas pour n'importe quel gâteau, les ingrédients qui entrent dans la composition de la pâte des cupcakes sont les plus divers, en fonction de la recette suivie.

Les variantes ne se comptent pas, qu'il s'agisse des décorations ou de la pâte. Celle-ci peut être aromatisée en y ajoutant des zestes râpés de citron ou d'orange, du cacao, du café, du coco râpé, de la pâte à tartiner aux noisettes, des fruits secs, du rhum, du thé vert, du sirop de menthe, des fruits frais ou confits, du piment, des raisins secs... Même si, au-delà de toutes les possibles variantes, comme le revendique Victoria Jossel, fondatrice de Lola's, la plus célèbre *cupcake bakery* de Londres, « il n'y a que deux ingrédients principaux : mettre de la passion dans ce que l'on fait et créer avec son cœur ». Mais il est vrai que pour préparer un gâteau aussi adorable et aussi fortement lié au bonheur de l'enfance, l'enthousiasme et l'amour s'expriment spontanément, sans aucun effort...

L'art de la décoration

Le mot d'ordre : laisser libre cours à son imagination. Un « gâteau en tasse » n'est tel que s'il est décoré. La garniture est la baguette magique qui transforme un simple plaisir en un chef-d'œuvre de sensations. Et la magie ne réussit que si elle est parfaite, c'est-à-dire si elle est le couronnement idéal de la personnalité de celle (ou de celui) qui décore. Oui à l'enthousiasme et à l'originalité, mais en gardant toujours un signe de distinction, en élégante harmonie avec tout le reste. L'imagination est certes admise, mais toujours dans le respect des ingrédients de la pâte et de l'harmonie des éléments de décoration. Bien entendu, s'agissant de mini-gâteaux, ils doivent préserver leur équilibre visuel et gustatif. Ils ne doivent jamais être excessivement « habillés » pour ne pas devenir exagérés ou mièvres. Bref, la règle est une seule, toujours la même : pour bien faire, il ne faut pas en faire trop.

Les cupacakes sont généralement décorés avec une crème légère au beurre, de la crème chantilly, de la crème pâtissière, de la glace au sucre, de la sauce au chocolat, de la meringue à l'italienne ou encore du sabayon. Juste à la fin – véritable cerise sur le gâteau, au sens propre comme au figuré – ils sont couronnés de mille manières, souvent avec les ingrédients déjà présents dans la recette, pour ajouter une note supplémentaire de couleur ou de forme.

Un succès planétaire

D'un gâteau maison à un plaisir gourmand interdit. D'une simple invention de campagne à un snack urbain raffiné. D'une idée originairement pauvre à une idée-cadeau très branchée et du plus bel effet. Les cupcakes doivent leur succès planétaire – depuis quelques années, rares sont les pâtisseries qui les boudent – à la série télévisée américaine *Sex and the City*, qui a contribué à les lancer en tant que péchés mignons gourmands hautement séducteurs et compensatoires. Impossible d'oublier la scène où Miranda et sa meilleure amie Carrie dégustent deux cupcakes à la vanille au nappage rose, assises sur un banc face à Magnolia Bakery, dans le Upper West Side... Finalement, le saccage des pâtisseries de New York est la manière choisie par Miranda pour surmonter ses échecs amoureux et combler son manque d'affection. S'offrir le luxe de le faire avec des gâteaux en miniature n'est-il pas simplement génial ? Moins de calories par rapport à une part normale, mais avec le même plaisir.

Les dix commandements de la perfection

Même sur une planète aussi libre que celle des cupcakes, il existe quelques règles à a suivre pour réaliser des chefs-d'œuvre. Premièrement, les ingrédients de la pâte et de la décoration doivent toujours être utilisés à température ambiante.

Les ramequins – qui peuvent être standard (environ 38 mm de base et 50 mm de hauteur) ou bien plus petits (dans ce cas, il faudra réduire les temps de cuisson) – doivent être placés dans les moules d'une plaque à muffins (si on laisse les ramequins sur la plaque du four, on risque d'obtenir des cupcakes un peu déformés, pas très esthétiques). L'appareil

ne doit remplir les ramequins qu'aux trois-quarts car le cupcake, en levant, atteindra et dépassera le bord, en formant une petite calotte au milieu.
La température du four doit être de l'ordre de 180 °C et le temps de cuisson est d'environ 15 minutes. Pour vérifier si les cupcakes sont cuits, il suffit de les percer à l'aide d'un cure-dent : si celui-ci est sec, il est temps de les sortir du four. Attendez une dizaine de minutes avant d'extraire vos « gâteaux en tasse » à l'aide d'un gant de cuisine, puis laissez-les refroidir sur une grille. Avant de pouvoir les décorer, ils doivent avoir complètement refroidi.
Pour napper rapidement les cupcakes, vous pouvez les plonger dans une crème, une sauce ou une glace très onctueuse, en leur faisant accomplir une rotation. La décoration la plus classique est à base de crème au beurre et à la vanille, appliquée à l'aide d'une spatule ou d'un sac-à-poche, en créant différents effets en fonction des becs-gicleurs utilisés.
Enfin, si vous souhaitez transporter ou offrir vos mini-gâteaux et que vous ne disposez pas d'une boîte adaptée, vous pouvez les placer sur la plaque à muffins utilisée pour les cuire. Il suffit alors d'ajouter une bande de papier assez longue sous chaque ramequin, de manière à pouvoir le soulever sans endommager la décoration. Un nappage plein d'empreintes est loin d'être chic...

L'autre moitié (salée) du paradis

S'il est vrai que leur recette d'origine est sucrée, les cupcakes en version salée sont à tomber. Bien entendu, aussi bien la pâte que la décoration doivent jouer avec des ingrédients qui n'appartiennent pas à l'univers de la pâtisserie. Les possibilités sont alors les unes plus gourmandes que les autres. L'on peut explorer les grands produits du terroir, en proposant des mariages consolidés par la tradition ou, au contraire, en osant des associations inédites. Dans tous les cas,

les ingrédients doivent être frais et de qualité ; les garnitures – des crèmes au beurre aux mousses salées, de la mayonnaise, diversement aromatisée, aux sauces au fromage – doivent être bien équilibrées. En d'autres termes, elles ne doivent pas effacer la base, ni par leur goût ni par leur quantité.
Les cupcakes salés, particulièrement appétissants, peuvent être servis aussi bien pour enrichir un apéritif que lors d'une réception-buffet. S'ils sont cuits dans des mini-ramequins, ils peuvent devenir aussi un irrésistible « finger food », à déguster debout, sans assiettes ni couverts.

Cinquante délices

Dans cet ouvrage, Academia Barilla, centre international consacré à la diffusion de la gastronomie italienne, a sélectionné 50 recettes de cupcake : sucrés, aux fruits, aux légumes et salés. Bien que ces mini-gâteaux soient l'une des fiertés de la cuisine américaine, ils se marient à merveille avec la tradition de la pâtisserie italienne. Une tradition qui revendique une très longue histoire, qui s'est enrichie au fil des siècles de magnifiques réalisations locales et d'échanges fructueux avec d'autres civilisations. Il suffit de penser, par exemple, à l'art pâtissier sicilien et à ses nombreuses spécialités d'origine arabe.
Dans un pays où la moitié sucrée de la table est aussi bien représentée, les « gâteaux en tasse » offrent le prétexte de repenser, à l'échelle réduite, de nombreuses recettes régionales, appréciées dans le monde entier. Les cupcakes « au café et mascarpone » rappellent le célèbre Tiramisù, l'un des desserts à la cuillère les plus gourmands de la pâtisserie italienne, tandis que les cupcakes dits « Capri » sont une version miniature de la tarte originaire de cette île. Les cupcakes « à la *zuppa inglese* » sont une variante en tasse du dessert du même nom, typique

de la région de l'Emilie-Romagne. Ou encore, les cupcakes « mimosa » sont la miniaturisation de la tarte qui s'inspire de cette fleur, typique du Nord de l'Italie, tout comme ceux « à la frangipane » reprennent la crème à base d'amandes qui, selon l'Ordre des Franciscains, aurait été inventée au XIIIe siècle par Giacoma de Settesoli, jeune veuve du noble romain Graziano di Frangipani et fervente adepte de Saint François d'Assise.

Les cupcakes salés offrent eux aussi l'opportunité d'exploiter les excellences italiennes et de revisiter des recettes traditionnelles. Les cupcakes « au basilic et aux pignons de pin » ont un parfum et une saveur qui évoquent immédiatement le célèbre « pesto » à la génoise ; ceux « au Parmigiano Reggiano » et « au jambon de Parme » se veulent un hommage à la Plaine du Pô : au roi des fromages pour les uns et au prince de la charcuterie pour les autres. Les cupcakes « aux tomates séchées et à l'origan » évoquent le soleil et la chaleur de la cuisine méditerranéenne, tandis que ceux « au Caciocavallo et aux champignons » ou « au jambon cuit et Provolone » mettent à l'honneur deux célèbres fromages à pâte filée du Sud de l'Italie.

Si l'aspect décoratif de ces minuscules délices suggère l'attention infinie que la cuisine italienne prête à l'esthétique de chaque plat, afin que l'architecture de la forme frappe le regard avant de conquérir les papilles, le caractère convivial des « gâteaux en tasse » est parfaitement cohérent avec l'esprit vital et rassembleur de la gastronomie de ce pays. Face à une tasse de thé, les capcakes favorisent les confidences ; lors d'une pause café, ils permettent de redémarrer en étant davantage à l'écoute des autres ; au moment de l'*happy hour*, ils créent l'ambiance, grâce à leur aspect amusant. Quelques bouchées seulement, mais avec un immense pouvoir relationnel.

CUPCAKES SUCRÉS

CUPCAKES AUX GRAINES DE PAVOT

INGRÉDIENTS POUR ENVIRON 18 CUPCAKES

Pour la pâte

60 ml d'huile de tournesol, maïs ou arachide
125 g de sucre
1 œuf
180 ml de lait
260 g de farine 00
8 g de levure chimique pour desserts
30 g de graines de pavot
1/2 gousse de vanille
sel

Pour la garniture

250 ml de crème
50 g de sucre
graines de pavot

PRÉPARATION

Dans un saladier, battez l'œuf avec le lait et l'huile ; ajoutez les graines de pavot et les graines de vanille, raclées à l'aide d'un petit couteau. Dans un autre récipient, tamisez la farine et la levure avec une pincée de sel, puis mélangez avec le sucre. Versez la farine dans le premier appareil et mélangez sans casser la préparation. Remplissez aux 3/4 les ramequins en papier et laissez cuire au four pendant environ 15 minutes à 180 °C (le temps de cuisson peut légèrement varier en fonction des dimensions des ramequins). Laissez refroidir. Décorez chaque cupcake avec la crème fouettée sucrée et saupoudrée de graines de pavot.

Préparation : 15' - Cuisson : 15'
Difficulté : facile

CUPCAKES AU CAFÉ ET MASCARPONE

INGRÉDIENTS POUR ENVIRON 12 CUPCAKES

Pour la pâte
75 g de beurre
80 g de sucre
1 œuf
75 ml de lait
5 g de café soluble
175 g de farine 00
8 g de levure chimique pour desserts
sel

Pour la garniture
150 ml de crème
30 g de sucre
100 g de mascarpone
5 ml de rhum
cacao

PRÉPARATION

Dans un saladier, travaillez soigneusement le beurre ramolli avec le sucre.
Ajoutez l'œuf, puis le lait mélangé au café soluble.
Incorporez la farine, tamisée avec la levure et mélangée avec une pincée de sel.
Remplissez aux 3/4 les ramequins en papier et laissez cuire au four pendant environ 15 minutes à 180 °C (le temps de cuisson peut légèrement varier en fonction des dimensions des ramequins).
Laissez refroidir.
Pour la garniture, montez la crème avec le sucre, ajoutez le mascarpone et mélangez, puis parfumez le tout avec le rhum.
Décorez chaque cupcake avec la crème et saupoudrez de cacao.

Préparation : 20' - Cuisson : 15'
Difficulté : facile

CUPCAKES AU CARAMEL

INGRÉDIENTS POUR ENVIRON 12 CUPCAKES

Pour la pâte
75 g de beurre
75 g de sucre
1 œuf
130 ml de lait
175 g de farine 00
8 g de levure chimique pour desserts
1/2 gousse de vanille
sel

Pour la garniture
150 g de sucre
80 (50 + 30) ml d'eau
15 g de miel
120 ml de crème
150 g de beurre

PRÉPARATION

Dans une petite casserole, faites caraméliser le sucre. Une fois que le sucre aura pris une belle couleur blond foncé, ajoutez lentement deux tiers de lait et délayez soigneusement. Laissez refroidir complètement.
Dans un saladier, travaillez bien le beurre ramolli avec le caramel ainsi obtenu. Ajoutez l'œuf, puis le lait restant.
Incorporez la farine tamisée avec la levure et mélangée avec une pincée de sel et les graines d'une demi-gousse de vanille, raclée à l'aide d'un petit couteau.
Remplissez aux 3/4 les ramequins en papier et laissez cuire au four pendant environ 15 minutes à 180 °C (le temps de cuisson peut légèrement varier en fonction des dimensions des ramequins).
Laissez refroidir. Pour la garniture, faites caraméliser le sucre avec le miel et 50 ml d'eau. Une fois que le sucre aura pris une belle couleur brunie, ajoutez la crème chaude et le reste de l'eau pour bien faire fondre le caramel. Laissez refroidir.
Montez le beurre ramolli avec 120 g de caramel.
Décorez chaque cupcake avec la crème ainsi obtenue et complétez avec le caramel restant.

Préparation : 20' - Cuisson : 15'
Difficulté : facile

CUPCAKES AU CHOCOLAT

INGRÉDIENTS POUR ENVIRON 12 CUPCAKES

Pour la pâte
75 g de beurre
75 g de sucre
1 œuf
100 ml de lait
25 g de cacao
150 g de farine 00
8 g de levure chimique pour desserts
80 g de pépites de chocolat
1/2 gousse de vanille
sel

Pour la garniture
150 ml de crème
125 g de chocolat noir

PRÉPARATION

Dans un saladier, travaillez soigneusement le beurre ramolli avec le sucre.
Ajoutez l'œuf, puis le lait et les graines de vanille, raclées à l'aide d'un petit couteau.
Incorporez la farine, tamisée avec la levure et le cacao, puis mélangée avec une pincée de sel.
Ajoutez les pépites de chocolat.
Remplissez aux 3/4 les ramequins en papier et laissez cuire au four pendant environ 15 minutes à 180 °C (le temps de cuisson peut légèrement varier en fonction des dimensions des ramequins).
Laissez refroidir.
Pour la garniture, faites fondre le chocolat au bain-marie ou au four à micro-ondes et montez la crème, en veillant à ce qu'elle reste onctueuse.
Incorporez le chocolat tiédi à la crème et décorez les cupcakes.

Préparation : 15' - Cuisson : 15'
Difficulté : facile

CUPCAKES AU CHOCOLAT ET À LA RICOTTA

INGRÉDIENTS POUR ENVIRON 15 CUPCAKES

Pour la pâte
75 g de beurre
75 g de sucre
1 œuf
150 g de ricotta
90 ml de lait
25 g de cacao
150 g de farine 00
8 g de levure chimique pour desserts
1/2 gousse de vanille
sel

Pour la garniture
235 g de ricotta
165 ml de crème
80 g de sucre glace
1/2 gousse de vanille

PRÉPARATION

Travaillez soigneusement le beurre ramolli avec le sucre dans un saladier, puis ajoutez la ricotta et mélangez bien le tout.
Ajoutez l'œuf, puis le lait et les graines de vanille, raclées à l'aide d'un petit couteau.
Incorporez la farine, tamisée avec la levure et le cacao, puis mélangée avec une pincée de sel.
Remplissez aux 3/4 les ramequins en papier et laissez cuire au four pendant environ 15 minutes à 180 °C (le temps de cuisson peut légèrement varier en fonction des dimensions des ramequins).
Laissez refroidir.
Pour la garniture, travaillez la ricotta avec le sucre et les graines de vanille (raclées à l'aide d'un petit couteau), puis ajoutez la crème semi-fouettée.
Décorez les cupcakes avec la crème ainsi obtenue.

Préparation : 20' - Cuisson : 15'
Difficulté : facile

CUPCAKES AU COCO

INGRÉDIENTS POUR ENVIRON 15 CUPCAKES

Pour la pâte
100 g de beurre
100 g de sucre
2 œufs
40 ml de lait
100 g de farine 00
3,5 g de levure chimique pour desserts
100 g de coco râpé
1/2 gousse de vanille
sel

Pour la garniture
180 g de chocolat au lait
220 ml de crème
1 noix de coco fraîche

PRÉPARATION

Dans un saladier, travaillez soigneusement le beurre ramolli avec le sucre.
Ajoutez les œufs, un par un, puis le lait.
Incorporez la farine tamisée avec la levure et les graines de vanille,
raclées à l'aide d'un petit couteau, puis mélangée avec une pincée de sel.
Remplissez aux 3/4 les ramequins en papier et laissez cuire au four pendant environ 15 minutes à 180 °C
(le temps de cuisson peut légèrement varier en fonction des dimensions des ramequins).
Laissez refroidir.
Pour la garniture, faites fondre le chocolat au bain-marie ou au four à micro-ondes
et montez la crème, en veillant à ce qu'elle reste onctueuse.
Incorporez le chocolat tiédi à la crème et décorez les cupcakes.
Ouvrez la noix de coco et tranchez finement sa pulpe,
que vous disposerez ensuite sur la crème au chocolat au lait.

Préparation : 20' - Cuisson : 15'
Difficulté : facile

CUPCAKES
À LA FRANGIPANE

INGRÉDIENTS POUR ENVIRON 12 CUPCAKES

Pour la pâte
125 g de sucre
1 œuf
160 ml de lait
80 ml d'huile de tournesol, maïs ou arachide
180 g de farine 00
80 g de poudre d'amandes
8 g de levure chimique pour desserts
1/2 gousse de vanille
le zeste râpé d'un demi-citron
sel

Pour la meringue à l'italienne
2 blancs d'œuf
125 (110 + 15) g de sucre
30 ml d'eau

PRÉPARATION

Dans un saladier, battez l'œuf avec le lait et l'huile.
Ajoutez le zeste de citron et les graines de vanille, raclées à l'aide d'un petit couteau.
Dans un autre récipient, tamisez la farine et la levure, puis mélangez avec la poudre d'amandes et le sucre, ensuite ajoutez une pincée de sel.
Versez la farine dans le premier appareil et mélangez sans casser la préparation.
Remplissez aux 3/4 les ramequins en papier et laissez cuire au four pendant environ 15 minutes à 180 °C (le temps de cuisson peut légèrement varier en fonction des dimensions des ramequins).
Laissez refroidir. Pour la meringue à l'italienne, faites cuire 110 g de sucre avec de l'eau dans une petite casserole, de préférence en cuivre.
Entre-temps, commencez à monter les blancs d'œuf avec 15 g de sucre.
Une fois que le sucre aura atteint une température de 121 °C, versez-le en filet dans les blancs d'œufs montés et battez jusqu'à le refroidir.
Décorez chaque cupcake avec la meringue à l'aide d'un sac-à-poche, puis flambez-la avec l'outil spécialement prévu à cet effet.

Préparation : 30' - Cuisson : 15'
Difficulté : facile

CUPCAKES AU GIANDUJA

INGRÉDIENTS POUR ENVIRON 12 CUPCAKES

Pour la pâte
65 g de beurre
75 g de sucre
1 œuf
25 g de crème de noisettes
80 ml de lait
150 g de farine 00
25 g de cacao
8 g de levure chimique pour desserts
1/2 gousse de vanille
sel

Pour la garniture
150 g de beurre
40 g de sucre glace
25 g de crème de noisettes
25 g de chocolat au lait

PRÉPARATION

Dans un saladier, travaillez soigneusement le beurre ramolli avec le sucre.
Ajoutez la crème de noisettes, l'œuf puis le lait et les graines de vanille, raclées à l'aide d'un petit couteau. Incorporez la farine, tamisée avec la levure et le cacao, puis mélangée avec une pincée de sel.
Remplissez aux 3/4 les ramequins en papier et laissez cuire au four pendant environ 15 minutes à 180 °C (le temps de cuisson peut légèrement varier en fonction des dimensions des ramequins).
Laissez refroidir.
Pour la garniture, travaillez soigneusement le beurre ramolli avec le sucre glace à l'aide d'un fouet ; ajoutez la crème de noisettes et le chocolat fondu tiédi.
Décorez les cupcakes avec la crème ainsi obtenue.

Préparation : 20' - Cuisson : 15'
Difficulté : facile

CUPCAKES AU CITRON

INGRÉDIENTS POUR ENVIRON 18 CUPCAKES

Pour la pâte
60 ml d'huile de tournesol, maïs ou arachide
125 g de sucre
1 œuf
180 ml de lait
260 g de farine 00
8 g de levure chimique pour desserts
le zeste râpé de 2 citrons
1/2 gousse de vanille
sel

Pour la garniture
80 g de beurre
45 g de sucre glace
le jus et le zeste d'un citron et demi
3 jaunes d'œuf
65 g de sucre
25 g de maïzena

PRÉPARATION

Dans un saladier, battez l'œuf avec le lait et l'huile.
Ajoutez le zeste de citron râpé, le sel et les graines de vanille, raclées à l'aide d'un petit couteau.
Dans un autre récipient, tamisez la farine et la levure, puis mélangez avec le sucre.
Versez la farine dans le premier appareil et mélangez sans casser la préparation.
Remplissez aux 3/4 les ramequins en papier et laissez cuire au four pendant environ 15 minutes à 180 °C (le temps de cuisson peut légèrement varier en fonction des dimensions des ramequins).
Laissez refroidir.
Pour la garniture, faites bouillir dans une petite casserole le beurre avec le jus et le zeste de citron râpé ainsi que le sucre glace.
Séparément, battez les jaunes d'œuf avec le sucre et ajoutez l'amidon de maïs tamisé.
Délayez avec le liquide bouillant filtré à travers une petite passoire et portez une nouvelle fois à ébullition.
Laissez refroidir et décorez les cupcakes avec la crème au citron.

Préparation : 20' - Cuisson : 15'
Difficulté : facile

CUPCAKES À LA PISTACHE ET AU ROMARIN

INGRÉDIENTS POUR ENVIRON 12 CUPCAKES

Pour la pâte
70 g de beurre
75 g de sucre
1 œuf
95 ml de lait
45 g de crème de pistaches
175 g de farine 00
8 g de levure chimique pour desserts
1 branche de romarin
sel

Pour la garniture
200 g de beurre
50 g de sucre glace
25 g de crème de pistaches
1 branche de romarin
pistaches
sucre

PRÉPARATION

Dans un saladier, travaillez soigneusement le beurre ramolli avec le sucre.
Ajoutez la crème de pistaches, travaillez encore, puis ajoutez l'œuf et le lait.
Incorporez la farine, tamisée avec la levure et mélangée avec une pincée de sel, et le romarin, lavé, séché, effeuillé et haché.
Remplissez aux 3/4 les ramequins en papier et laissez cuire au four pendant environ 15 minutes à 180 °C (le temps de cuisson peut légèrement varier en fonction des dimensions des ramequins).
Laissez refroidir.
Pour la garniture, montez le beurre et le sucre à l'aide d'un fouet ; ajoutez la crème de pistaches et montez le tout encore un peu.
Décorez chaque cupcake avec un soupçon de crème, les pistaches et le romarin, humidifié et passé dans le sucre.

Préparation : 20' - Cuisson : 15'
Difficulté : facile

CUPCAKES AU RHUM

INGRÉDIENTS POUR ENVIRON 12 CUPCAKES

Pour la pâte
75 g de beurre
75 g de sucre
1 œuf
70 ml de lait
30 ml de rhum
45 g de raisins secs
175 g de farine 00
8 g de levure chimique pour desserts
sel

Pour la garniture
120 ml de crème
60 g de chocolat au lait
60 g de chocolat noir

PRÉPARATION

Faites ramollir les raisins secs dans le rhum pendant une dizaine de minutes.
Dans un saladier, travaillez soigneusement le beurre ramolli avec le sucre.
Ajoutez l'œuf, puis le lait.
Incorporez la farine, tamisée avec la levure et mélangée avec une pincée de sel.
Ajoutez les raisins secs (gardez-en quelques-uns pour la garniture) et le rhum utilisé pour les ramollir ;
ensuite, remplissez aux 3/4 les ramequins en papier
et laissez cuire au four pendant environ 15 minutes à 180 °C
(le temps de cuisson peut légèrement varier en fonction des dimensions des ramequins).
Laissez refroidir. Pour la garniture, faites bouillir la crème et versez-la
sur les chocolats râpés ; mélangez et laissez tiédir.
Décorez chaque cupcake avec la crème au chocolat et quelques raisins secs.

Préparation : 15' - Cuisson : 15'
Difficulté : facile

CUPCAKES AU THÉ VERT MATCHA

INGRÉDIENTS POUR ENVIRON 18 CUPCAKES

Pour la pâte

60 ml d'huile de tournesol, maïs ou arachide
125 g de sucre
1 œuf
180 ml de lait
260 g de farine 00
8 g de thé vert matcha
8 g de levure chimique pour desserts
sel

Pour la garniture

150 ml de crème
15 g de sucre
3 g de thé vert matcha
chocolat noir et/ou blanc (en option)

PRÉPARATION

Délayez le thé vert dans le lait.
Dans un saladier, battez l'œuf avec le lait et l'huile. Ajoutez une pincée de sel.
Dans un autre récipient, tamisez la farine et la levure, puis mélangez avec le sucre.
Versez la farine dans le premier appareil et mélangez sans casser la préparation.
Remplissez aux 3/4 les ramequins en papier et laissez cuire au four pendant environ 15 minutes à 175 °C (le temps de cuisson peut légèrement varier en fonction des dimensions des ramequins).
Laissez refroidir.
Pour la garniture, montez la crème avec le sucre et ajoutez-la au thé matcha.
Décorez les cupcakes, en ajoutant éventuellement une décoration de chocolat.

Préparation : 15' - Cuisson : 15'
Difficulté : facile

CUPCAKES CAPRI

INGRÉDIENTS POUR ENVIRON 12 CUPCAKES

Pour la pâte
75 g de beurre
80 g de sucre
1 œuf
90 ml de lait
100 g de farine 00
50 g de poudre d'amandes
25 g de cacao non sucré
8 g de levure chimique pour desserts
1/2 gousse de vanille
sel

Pour la garniture
250 ml de crème
20 g de sucre
1 feuille de gélatine
150 g de pâte à tartiner au chocolat

PRÉPARATION

Dans un saladier, travaillez soigneusement le beurre ramolli avec le sucre.
Ajoutez l'œuf, puis le lait et les graines de vanille, raclées à l'aide d'un petit couteau.
Incorporez la farine, tamisée avec la levure et le cacao, puis mélangée avec une pincée de sel, et la poudre d'amandes.
Remplissez aux 3/4 les ramequins en papier et laissez cuire au four pendant environ 15 minutes à 180 °C (le temps de cuisson peut légèrement varier en fonction des dimensions des ramequins).
Laissez refroidir.
Pour la garniture, faites bouillir 50 g de crème, faites-y fondre la pâte à tartiner et la gélatine, préalablement ramollie dans de l'eau froide.
Faites refroidir, puis ajoutez les 200 g restants de crème fouettée sucrée.
Décorez les cupcakes avec la crème ainsi obtenue.

Préparation : 15' - Cuisson : 15'
Difficulté : facile

CUPCAKES AUX FRUITS SECS

INGRÉDIENTS POUR ENVIRON 15 CUPCAKES

Pour la pâte
100 g de beurre
100 g de sucre
2 œufs
45 ml de lait
120 g d'amandes, noisettes, pistaches et noix
100 g de farine 00
4 g de levure chimique pour desserts
1/2 gousse de vanille
sel

Pour la garniture
60 g de gélatine pour desserts
120 g de fruits secs mixtes

PRÉPARATION

Dans un saladier, travaillez soigneusement le beurre ramolli avec le sucre.
Ajoutez les œufs, un par un, puis le lait.
Incorporez la farine tamisée avec la levure et mélangée avec les fruits secs broyés dans le robot de cuisine, une pincée de sel et les graines d'une demi-gousse de vanille, raclée à l'aide d'un petit couteau.
Remplissez aux 3/4 les ramequins en papier et laissez cuire au four pendant environ 15 minutes à 180 °C (le temps de cuisson peut légèrement varier en fonction des dimensions des ramequins).
Laissez refroidir.
Pour la garniture, faites fondre la gélatine en suivant les instructions reprises sur l'emballage.
Enduisez les cupcakes, puis saupoudrez de fruits secs et ajoutez encore un peu de gélatine.

Préparation : 20' - Cuisson : 15'
Difficulté : facile

CUPCAKES AUX AMANDES

INGRÉDIENTS POUR ENVIRON 14 CUPCAKES

Pour la pâte
110 g de beurre
100 g de sucre
2 œufs
70 g de massepain
175 g de farine 00
6 g de levure chimique pour desserts
sel

Pour la garniture
100 g de massepain
1 jaune d'œuf

PRÉPARATION

Dans un saladier, travaillez soigneusement le beurre ramolli avec le massepain et le sucre.
Incorporez les œufs, un par un, puis la farine, tamisée avec la levure et mélangée avec une pincée de sel.
Remplissez aux 3/4 les ramequins en papier et laissez cuire au four pendant environ 20 minutes à 160 °C (le temps de cuisson peut légèrement varier en fonction des dimensions des ramequins).
Laissez refroidir.
Décorez chaque cupcake avec le massepain travaillé avec le jaune d'œuf.
Laissez-les sécher, puis flambez-les avec l'outil spécialement prévu à cet effet.

Préparation : 15' - Cuisson : 20'
Difficulté : facile

CUPCAKES
À LA MENTHE
ET AU CHOCOLAT

INGRÉDIENTS POUR ENVIRON 12 CUPCAKES

Pour la pâte
75 g de beurre
75 g de sucre
1 œuf

Pour la partie à la menthe
30 ml de sirop de menthe
90 g de farine
4 g de levure chimique pour desserts
colorant alimentaire vert
(si nécessaire)
sel

Pour la partie au chocolat
70 ml de lait
75 g de farine
15 g de cacao
8 g de levure chimique pour desserts
sel

Pour la garniture
90 ml de crème
30 ml de sirop de menthe
120 g de chocolat noir
quelques feuilles de menthe

PRÉPARATION

Dans un saladier, travaillez soigneusement le beurre ramolli avec le sucre.
Ajoutez l'œuf, puis divisez l'appareil en deux parties.
Dans une moitié, incorporez le sirop de menthe et la farine, tamisée avec la levure et mélangée avec une pincée de sel. Si nécessaire, ajoutez une goutte de colorant alimentaire vert.
Dans l'autre moitié, incorporez le lait et la farine, tamisée avec la levure et le cacao, puis mélangée avec une pincée de sel.
Remplissez aux 3/4 les ramequins en papier avec les deux appareils et laissez cuire au four pendant environ 15 minutes à 180 °C. Laissez refroidir.
Pour la garniture, portez la crème et le sirop de menthe à ébullition, puis versez-les sur le chocolat râpé, en mélangeant avec soin.
Laissez tiédir, puis décorez les cupcakes, en ajoutant les feuilles de menthe fraîche, préalablement lavées et séchées, et le chocolat.

Préparation : 15' - Cuisson : 15'
Difficulté : facile

CUPCAKES À LA ZUPPA INGLESE

INGRÉDIENTS POUR ENVIRON 12 CUPCAKES

Pour la pâte
75 g de beurre
75 g de sucre
1 œuf
70 ml de lait
175 g de farine 00
8 g de levure chimique pour desserts
le zeste râpé de 1/4 de citron
1/4 de gousse de vanille
sel

Pour la garniture
150 g de crème pâtissière
liqueur Alkermes
cacao

PRÉPARATION

Dans un saladier, travaillez soigneusement le beurre ramolli avec le sucre. Ajoutez l'œuf, puis le lait et les graines de vanille, raclées à l'aide d'un petit couteau. Incorporez la farine, tamisée avec la levure et mélangée avec une pincée de sel, et le zeste de citron râpé. Remplissez aux 3/4 les ramequins en papier et laissez cuire au four pendant environ 15 minutes à 180 °C (le temps de cuisson peut légèrement varier en fonction des dimensions des ramequins). Laissez refroidir.

A l'aide d'un petit emporte-pièce cylindrique, ôtez un cylindre de pâte de chaque cupcake. Eliminez les moitiés inférieures de chaque cylindre de pâte et trempez les parties supérieures dans l'Alkermes. Remplissez l'intérieur des cupcakes de crème pâtissière, puis refermez-les avec les parties de pâte trempées. Décorez en saupoudrant de cacao.

Préparation : 15' - Cuisson : 15'
Difficulté : facile

CUPCAKES AUX NOISETTES

INGRÉDIENTS POUR ENVIRON 14 CUPCAKES

Pour la pâte
110 g de beurre
100 g de sucre
2 œufs
50 g de crème de noisettes
100 g de farine 00
4 g de levure chimique pour desserts
50 g de noisettes broyées
sel

Pour la garniture
200 g de fromage frais
(par exemple, chèvre)
60 g de sucre
40 g de crème de noisettes
100 ml de crème
1 feuille de colle de poisson
noisettes broyées

PRÉPARATION

Dans un saladier, travaillez soigneusement le beurre ramolli avec le sucre.
Ajoutez la crème de noisettes et les œufs, un par un.
Incorporez la farine, tamisée avec la levure et mélangée avec une pincée de sel.
Remplissez aux 3/4 les ramequins en papier, saupoudrez de noisettes broyées
et laissez cuire au four pendant environ 15 minutes à 180 °C
(le temps de cuisson peut légèrement varier en fonction des dimensions des ramequins).
Laissez refroidir.
Pour la garniture, travaillez soigneusement le fromage frais avec le sucre ; ajoutez la crème
de noisettes, la colle de poisson ramollie et fondue, puis la crème semi-fouettée.
Décorez chaque cupcake avec cette crème et saupoudrez de noisettes broyées.

Préparation : 15' - Cuisson : 15'
Difficulté : facile

CUPCAKES AU YAOURT ET À L'HUILE EXTRA-VIERGE D'OLIVE

INGRÉDIENTS POUR ENVIRON 8 CUPCAKES

Pour la pâte
25 ml d'huile extra-vierge d'olive
60 g de sucre
1 œuf
65 g de yaourt
60 g de farine 00
20 g de fécule
4 g de levure chimique pour desserts
le zeste râpé d'un demi-citron
le zeste râpé d'une demi-orange
sel

Pour la garniture
250 g de yaourt
100 g de sucre
4-5 feuilles de colle de poisson
250 ml de crème

PRÉPARATION

Dans un saladier, battez l'œuf avec le sucre.
Ajoutez les zestes d'orange et de citron râpés et, tout en mélangeant, la farine tamisée avec la fécule, la levure et une pincée de sel.
Incorporez l'huile extra-vierge d'olive, en le versant en filet, puis le yaourt.
Remplissez aux 3/4 les ramequins en papier et laissez cuire au four pendant environ 15 minutes à 180 °C (le temps de cuisson peut légèrement varier en fonction des dimensions des ramequins).
Laissez refroidir.
Pour la garniture, montez la crème et gardez-la au réfrigérateur.
Ramollissez la colle de poisson dans de l'eau froide pendant quelques minutes.
Dans une petite casserole, faites réchauffer à feu moyen 50 g de yaourt avec le sucre.
Une fois arrivé à ébullition, retirez-le du feu et ajoutez-y la colle de poisson essorée.
Laissez tiédir, puis ajoutez le yaourt restant.
Après refroidissement, incorporez délicatement la crème fouettée et décorez les cupcakes.

Préparation : 15' - Cuisson : 15'
Difficulté : facile

CUPCAKES AU SABAYON DE MOSCATO

INGRÉDIENTS POUR ENVIRON 18 CUPCAKES

Pour la pâte
165 ml d'huile de tournesol, maïs ou arachide
125 g de sucre
1 œuf
170 ml de vin Moscato
260 g de farine 00
8 g de levure chimique pour desserts
sel

Pour la garniture
2 œufs
2 jaunes d'œuf
140 g de sucre
10 g d'amidon de maïs
150 ml de vin Moscato

PRÉPARATION

Dans un saladier, battez l'œuf avec le Moscato et l'huile.
Dans un autre récipient, tamisez ensemble le sucre, la farine et la levure avec une pincée de sel.
Versez la farine dans le premier appareil et mélangez sans casser la préparation.
Remplissez aux 3/4 les ramequins en papier et laissez cuire au four pendant environ 15 minutes à 180 °C (le temps de cuisson peut légèrement varier en fonction des dimensions des ramequins).
Laissez refroidir.
Pour la garniture, préparez une crème au sabayon : battez les jaunes d'œuf et les œufs avec le sucre, ajoutez l'amidon tamisé et mélangez soigneusement. Faites réchauffer le vin et versez-le sur l'appareil précédemment préparé, en mélangeant avec soin.
Mettez sur le feu et portez à ébullition, tout en mélangeant avec un fouet.
Laissez refroidir.
Décorez chaque cupcake avec le sabayon au Moscato.

Préparation : 15' - Cuisson : 15'
Difficulté : facile

CUPCAKES MIMOSA

INGRÉDIENTS POUR ENVIRON 10 CUPCAKES

Pour la pâte
75 g de beurre
75 g de sucre
1 œuf
100 ml de lait
175 g de farine 00
8 g de levure chimique pour desserts
le zeste râpé d'un demi-citron
1/2 gousse de vanille
sel

Pour la garniture
150 g de beurre
50 g de sucre glace
1/2 gousse de vanille

PRÉPARATION

Dans un saladier, travaillez soigneusement le beurre ramolli avec le sucre.
Ajoutez l'œuf, puis le lait.
Incorporez la farine tamisée avec la levure et mélangée avec une pincée de sel, le zeste de citron et les graines d'une demi-gousse de vanille, raclée à l'aide d'un petit couteau.
Remplissez aux 3/4 les ramequins en papier et laissez cuire au four pendant environ 15 minutes à 180 °C (le temps de cuisson peut légèrement varier en fonction des dimensions des ramequins).
Laissez refroidir.
Pour la garniture, travaillez le beurre ramolli avec le sucre glace en utilisant un fouet ; ajoutez la vanille raclée à l'aide d'un petit couteau.
Coupez deux cupcakes en petits dés.
Décorez chaque cupcake en le tartinant de crème au beurre et en y faisant adhérer les petits dés.

Préparation : 20' - Cuisson : 15'
Difficulté : facile

CUPCAKES AUX FRUITS ET LÉGUMES

CUPCAKES AUX ÉPINARDS DOUX

INGRÉDIENTS POUR ENVIRON 6 CUPCAKES

Pour la pâte
30 ml d'huile de tournesol, maïs ou arachide
40 g d'épinards cuits à la vapeur et égouttés
90 g de farine 00
6 g de levure chimique pour desserts
1 œuf
1 jaune d'œuf
100 g de sucre
le zeste râpé d'un demi-citron
1/2 gousse de vanille
sel

Pour la garniture
60 g de massepain

PRÉPARATION

Dans un saladier, montez le jaune d'œuf, l'œuf et le sucre à l'aide d'un fouet, puis ajoutez le zeste de citron râpé.
Dans un autre récipient, tamisez ensemble la farine et la levure ; ajoutez-y une pincée de sel et les graines de vanille, raclées à l'aide d'un petit couteau.
Incorporez les œufs avec un filet d'huile et les épinards hachés.
Remplissez aux 3/4 les ramequins en papier et laissez cuire au four pendant environ 15 minutes à 180 °C (le temps de cuisson peut légèrement varier en fonction des dimensions des ramequins).
Laissez refroidir.
Pour la garniture, décorez avec du massepain au gré de vos envies.

Préparation : 15' - Cuisson : 15'
Difficulté : facile

CUPCAKES AUX FRUITS ROUGES

INGRÉDIENTS POUR ENVIRON 16 CUPCAKES

Pour la pâte
60 ml d'huile de tournesol, maïs ou arachide
125 g de sucre
1 œuf
180 ml de lait
260 g de farine 00
125 g de groseilles, framboises, mûres et myrtilles
8 g de levure chimique pour desserts
1/2 gousse de vanille
le zeste râpé d'un demi-citron
sel

Pour la garniture
125 g groseilles, framboises, mûres et myrtilles
60 g de sucre
220 ml de crème
1 feuille de colle de poisson
quelques gouttes de jus de citron

PRÉPARATION

Dans un saladier, battez l'œuf avec le lait et l'huile.
Dans un autre récipient, tamisez ensemble la farine et la levure ; ajoutez le sucre, une pincée de sel, le zeste de citron râpé et les graines de vanille, raclées à l'aide d'un petit couteau.
Versez la farine et les fruits rouges dans le premier appareil et mélangez sans casser la préparation.
Remplissez aux 3/4 les ramequins en papier et laissez cuire au four pendant environ 15 minutes à 180 °C (le temps de cuisson peut légèrement varier en fonction des dimensions des ramequins).
Laissez refroidir. Pour la garniture, ramollissez la colle de poisson dans de l'eau froide.
Mixez 90 g de fruits rouges avec le sucre et quelques gouttes de jus de citron.
Portez à ébullition quelques cuillerées de fruits rouges mixés et faites-y fondre la colle de poisson. Laissez tiédir, puis ajoutez le reste du coulis.
Lorsqu'il commence à se cailler, incorporez la crème semi-fouettée.
Décorez les cupcakes avec la crème aux fruits rouges et le reste des fruits frais.

Préparation : 15' - Cuisson : 15'
Difficulté : facile

CUPCAKES AUX FRAMBOISES ET AU CHOCOLAT

INGRÉDIENTS POUR ENVIRON 15 CUPCAKES

Pour la pâte
60 ml d'huile de tournesol, maïs ou arachide
125 g de sucre
1 œuf
180 ml de lait
230 g de farine 00
30 g de cacao
150 g de framboises
50 g de pépites de chocolat
8 g de levure chimique pour desserts
1/2 gousse de vanille
sel

Pour la garniture
150 g de chocolat noir
180 ml de crème
45 framboises
sucre glace

PRÉPARATION

Dans un saladier, battez l'œuf avec le lait et l'huile. Dans un autre récipient, tamisez ensemble la farine, le cacao et la levure ; puis mélangez avec le sucre et ajoutez une pincée de sel et les graines de vanille, raclées à l'aide d'un petit couteau. Versez la farine, les pépites de chocolat et les framboises dans le premier appareil et mélangez sans casser la préparation. Remplissez aux 3/4 les ramequins en papier et laissez cuire au four pendant environ 15 minutes à 180 °C (le temps de cuisson peut légèrement varier en fonction des dimensions des ramequins). Laissez refroidir. Pour la garniture, faites fondre le chocolat au bain-marie ou au four à micro-ondes et montez la crème, en veillant à ce qu'elle reste onctueuse. Incorporez le chocolat tiédi à la crème et décorez les cupcakes. Enfin, déposez 3 framboises sur chaque cupcake et saupoudrez de sucre glace.

Préparation : 15' - Cuisson : 15'
Difficulté : facile

CUPCAKES
À LA MANGUE
ET AU PIMENT

INGRÉDIENTS POUR ENVIRON 14 CUPCAKES

Pour la pâte
60 ml d'huile de tournesol,
maïs ou arachide
110 g de sucre
1 œuf
1 mangue
260 g de farine 00
8 g de levure chimique pour desserts
piment d'Espelette
sel

Pour la garniture
110 g de pulpe de mangue
1 feuille de colle de poisson
30 g de sucre
100 g de crème

PRÉPARATION

Épluchez la mangue et mixez 200 g de pulpe.
Dans un saladier, battez l'œuf avec la pulpe de mangue et l'huile.
Dans un autre récipient, tamisez ensemble le sucre, la farine et la levure,
puis ajoutez une pincée de piment d'Espelette et de sel.
Versez la farine dans le premier appareil et mélangez sans casser la préparation.
Remplissez aux 3/4 les ramequins en papier et laissez cuire au four pendant environ 15 minutes
à 180 °C (le temps de cuisson peut légèrement varier en fonction des dimensions des ramequins).
Laissez refroidir.
Pour la garniture, faites bouillir un tiers de la pulpe de mangue avec le sucre
dans une petite casserole ; ensuite, ôtez-la du feu et ajoutez la colle de poisson,
ramollie dans de l'eau froide, puis mélangez.
Laissez refroidir ; lorsque l'appareil commence à cailler,
ajoutez-y le reste de la pulpe et la crème fouettée.
Garnissez les cupcakes avec cette crème à la mangue.

Préparation : 30' - Cuisson : 15'
Difficulté : facile

CUPCAKES MERINGUÉS AUX CERISES

INGRÉDIENTS POUR ENVIRON 12 CUPCAKES

Pour la pâte
75 g de beurre
75 g de sucre
1 œuf
100 ml de lait
20 g de pistaches broyées
12 griottes au sirop, dénoyautées
170 g de farine 00
8 g de levure chimique pour desserts
1/2 gousse de vanille
sel

Pour la garniture
2 blancs d'œuf
125 (110 + 15) g de sucre
30 ml d'eau
20 g d'écailles d'amandes
sucre glace

PRÉPARATION

Dans un saladier, travaillez soigneusement le beurre ramolli avec le sucre. Ajoutez l'œuf, puis le lait. Incorporez la farine tamisée avec la levure et mélangée avec une pincée de sel, les graines de vanille, raclée à l'aide d'un petit couteau, et les pistaches broyées. Remplissez aux 3/4 les ramequins en papier, incorporez une griotte égouttée (pour éliminer le sirop) et laissez cuire au four pendant environ 12 minutes à 180 °C (le temps de cuisson peut légèrement varier en fonction des dimensions des ramequins). Laissez refroidir. Pour la garniture, préparez une meringue à l'italienne. Faites cuire 110 g de sucre avec de l'eau dans une petite casserole, de préférence en cuivre. Entre-temps, commencez à monter les blancs d'œuf avec 15 g de sucre. Une fois que le sucre aura atteint une température de 121 °C, versez-le en filet dans les blancs d'œufs montés et battez jusqu'à le refroidir. Décorez chaque cupcake avec la meringue à l'aide d'un sac-à-poche, puis saupoudrez d'écailles d'amandes et de sucre glace. Faites cuire au four à 180 °C pendant environ 5 minutes.

Préparation : 30' - Cuisson : 17'
Difficulté : facile

CUPCAKES AU POTIRON

INGRÉDIENTS POUR ENVIRON 8 CUPCAKES

Pour la pâte
70 g de beurre
80 g de sucre
1 œuf
300 g de potiron
170 g de farine 00
9 g de levure chimique pour desserts
le zeste râpé d'un demi-citron
1/2 gousse de vanille
sel

Pour la garniture
300 g de crème pâtissière
40 g de chocolat noir

PRÉPARATION

Lavez, pelez et coupez le potiron en morceaux ; retirez les graines et les filaments, puis cuisez-le à la vapeur (dans le panier prévu à cet effet) pendant environ 30 minutes ou jusqu'à ce qu'il soit bien ramolli (au choix, vous pouvez le cuire pendant 5-8 minutes dans une cocotte-minute). Une fois cuit, mixez le potiron.
Dans un saladier, mélangez soigneusement le beurre ramolli avec le sucre.
Ajoutez l'œuf, 120 grammes de purée de potiron, le zeste de citron râpé et le seul, puis mélangez le tout.
Ajoutez la farine, tamisée avec la levure à dessert et les graines de vanilles, raclées à l'aide d'un petit couteau.
Remplissez aux 3/4 les ramequins en papier et laissez cuire au four pendant environ 15 minutes à 170 °C (le temps de cuisson peut légèrement varier en fonction des dimensions des ramequins).
Sortez-les du four et laissez-les refroidir.
Pour la garniture, faites fondre le chocolat au bain-marie ou au four à micro-ondes, puis ajoutez-le à la crème pâtissière tiède.
Laissez refroidir, puis garnissez les cupcakes.

Préparation : 45' - Cuisson : 15'
Difficulté : facile

CUPCAKES AUX ABRICOTS ET AU CHOCOLAT

INGRÉDIENTS POUR ENVIRON 12 CUPCAKES

Pour la pâte
75 g de beurre
75 g de sucre
1 œuf
100 ml de lait
175 g de farine 00
50 g de chocolat au lait
85 g d'abricots secs
8 g de levure chimique pour desserts
1/2 gousse de vanille
sel

Pour la garniture
100 g de beurre
25 g de sucre glace
125 g de chocolat au lait
12 abricots secs

PRÉPARATION

Dans un saladier, travaillez bien le beurre ramolli avec le sucre, ajoutez le chocolat fondu, puis l'œuf, le lait et les graines de vanille, raclées à l'aide d'un petit couteau. Incorporez la farine, tamisée avec la levure et mélangée avec une pincée de sel, puis ajoutez les abricots secs coupés en petits morceaux. Remplissez aux 3/4 les ramequins en papier et laissez cuire au four pendant environ 15 minutes à 180 °C (le temps de cuisson peut légèrement varier en fonction des dimensions des ramequins). Laissez refroidir. Pour la garniture, faites fondre le chocolat au bain-marie ou au four à micro-ondes, puis laissez-le tiédir. Montez le beurre avec le sucre glace et ajoutez-y le chocolat. Travaillez avec soin, puis garnissez les cupcakes, en les décorant avec les abricots secs et des copeaux de chocolat, obtenus en raclant une tablette à l'aide de la lame d'un couteau.

Préparation : 15' - Cuisson : 15'
Difficulté : facile

CUPCAKES
À LA BANANE ET AUX NOIX

INGRÉDIENTS POUR ENVIRON 12 CUPCAKES

Pour la pâte
80 g de beurre
75 g de sucre
1 œuf
50 ml de lait
50 g de noix décortiquées
175 g de farine 00
8 g de levure chimique pour desserts
1 banane
le zeste râpé d'un demi-citron
cannelle
1/2 gousse de vanille
sel

Pour la garniture
50 ml de crème
50 g de chocolat noir
cerneaux de noix

PRÉPARATION

Préparation
Travaillez soigneusement le beurre ramolli avec le sucre dans un saladier, puis ajoutez la banane et mélangez bien jusqu'à la rendre en bouillie. Ajoutez l'œuf, puis le lait, le zeste de citron râpé et les graines de vanille, raclées à l'aide d'un petit couteau. Incorporez la farine, tamisée avec la levure et mélangée avec une pincée de sel et de cannelle, et les noix émiettées. Remplissez aux 3/4 les ramequins en papier et laissez cuire au four pendant environ 15 minutes à 180 °C (le temps de cuisson peut légèrement varier en fonction des dimensions des ramequins). Laissez refroidir. Pour la garniture, faites bouillir la crème dans une petite casserole, puis versez-la sur le chocolat préalablement râpé. Mélangez bien le tout et laissez tiédir. Garnissez chaque cupcake avec cette crème, en ajoutant un cerneau de noix.

Préparation : 15' - Cuisson : 15'
Difficulté : facile

CUPCAKES
À LA CAROTTE

INGRÉDIENTS POUR ENVIRON 15 CUPCAKES

Pour la pâte
80 g de beurre
75 (30 + 45) g de sucre
3 jaunes d'œuf
2 blancs d'œuf
90 g de farine 00
20 ml de lait
125 g de carottes râpées
50 g d'amandes broyées
8 g de levure chimique pour desserts
le zeste râpé d'un demi-citron
1/2 gousse de vanille
cannelle
sel

Pour la garniture
100 g de massepain
colorants alimentaires
1/2 blanc d'œuf
2-3 gouttes de jus de citron
60 g de sucre glace

PRÉPARATION

Battez très bien le beurre ramolli avec 30 g de sucre ; ajoutez les jaunes d'œuf, puis le lait, le zeste de citron râpé et les graines de vanille, raclées à l'aide d'un petit couteau. Séparément, montez les blancs d'œuf avec le reste du sucre. Tamisez la farine avec la levure, une pincée de sel et de cannelle. Incorporez les carottes, les amandes broyées et la farine aux jaunes d'œuf, en alternant avec un tiers du blanc d'œuf pour rendre l'appareil plus onctueux. Incorporez délicatement le reste de blanc d'œuf et remplissez aux 3/4 les ramequins en papier. Laissez cuire au four pendant environ 15 minutes à 180 °C (le temps de cuisson peut légèrement varier en fonction des dimensions des ramequins). Laissez refroidir. Pour la garniture, montez le blanc d'œuf avec le sucre glace et le jus de citron. Disposez une goutte de glaçage sur chaque cupcake et posez-y dessus une petite carotte en massepain et colorée avec des colorants alimentaires orange et verts.

Préparation : 30' - Cuisson : 15'
Difficulté : facile

CUPCAKES AUX POMMES, RAISINS SECS ET CANNELLE

INGRÉDIENTS POUR ENVIRON 12 CUPCAKES

Pour la pâte
75 g de beurre
75 g de sucre
1 œuf
100 ml de lait
175 g de farine 00
1 pomme
70 g de raisins secs
8 g de levure chimique pour desserts
le zeste râpé d'un demi-citron
1/2 gousse de vanille
cannelle
sel

Pour la garniture
120 g de crème pâtissière
35 g de beurre

PRÉPARATION

Dans un saladier, travaillez soigneusement le beurre ramolli avec le sucre.
Ajoutez l'œuf, puis le lait.
Incorporez la farine, tamisée avec la levure et mélangée avec une pincée de sel, la vanille, le zeste râpé du citron et la cannelle.
Ajoutez la pomme, épluchée et coupée en petits dés, et les raisins secs.
Remplissez aux 3/4 les ramequins en papier et laissez cuire au four pendant environ 15 minutes à 180 °C (le temps de cuisson peut légèrement varier en fonction des dimensions des ramequins).
Laissez refroidir. Pour la garniture, incorporez le beurre très ramolli à la crème pâtissière, en montant le tout à l'aide d'un fouet.
Garnissez les cupcakes, en les décorant au gré de vos envies.

Préparation : 15' - Cuisson : 15'
Difficulté : facile

CUPCAKES AUX OLIVES DOUCE ET À L'ORANGE

INGRÉDIENTS POUR ENVIRON 8 CUPCAKES

Pour la pâte
75 g de beurre
275 (200 + 75) g de sucre
1 œuf
90 ml de lait
30 ml de liqueur à l'orange
175 g de farine 00
8 g de levure chimique pour desserts
le zeste râpé d'une orange
50 g d'olives noires dénoyautées
150 ml d'eau
sel

Pour la garniture
50 g de chocolat noir
50 ml de crème
1 orange

PRÉPARATION

La veille de la préparation de ces cupcakes, rincez soigneusement les olives à l'eau courante, avant de les placer dans un récipient en acier ou verre trempé. Entre-temps, faites bouillir l'eau et 200 g de sucre et versez ce liquide bouillant sur les olives. Laissez reposer jusqu'au lendemain. Dans un saladier, travaillez soigneusement le beurre ramolli avec les 75 g de sucre restants. Ajoutez le zeste d'orange râpé. Ajoutez ensuite l'œuf, puis le lait et la liqueur. Incorporez la farine, tamisée avec la levure et mélangée avec une pincée de sel et, en dernier, les olives, égouttées et coupées en rondelles. Remplissez aux 3/4 les ramequins en papier et laissez cuire au four pendant environ 15 minutes à 180 °C (le temps de cuisson peut légèrement varier en fonction des dimensions des ramequins). Laissez refroidir. Pour la garniture, lavez et essuyez l'orange, puis coupez-la en tranches. Faites bouillir la crème dans une petite casserole, puis versez-la sur le chocolat préalablement râpé. Mélangez bien le tout et laissez tiédir. Décorez chaque cupcake avec la crème et un quartier d'orange.

Préparation : 24 h e 10' - Cuisson : 15'
Difficulté : facile

CUPCAKES AUX POIRES ET AU CHOCOLAT

INGRÉDIENTS POUR ENVIRON 12 CUPCAKES

Pour la pâte

75 g de beurre
80 g de sucre
1 œuf
25 g de chocolat noir
100 ml de lait
150 g de farine 00
25 g de cacao
1 poire
8 g de levure chimique pour desserts
1/2 gousse de vanille
sel

Pour la garniture

150 g de ricotta
25 g de sucre
100 ml de crème
50 g de chocolat noir

PRÉPARATION

Travaillez soigneusement le beurre ramolli avec le sucre dans un saladier, puis ajoutez le chocolat, fondu au bain-marie ou au four à micro-ondes et tiédi. Ajoutez l'œuf, puis le lait et les graines de vanille, raclées à l'aide d'un petit couteau. Incorporez la farine, tamisée avec la levure et le cacao, puis mélangée avec une pincée de sel. Enfin, incorporez la poire épluchée et coupée en petits dés. Remplissez aux 3/4 les ramequins en papier et laissez cuire au four pendant environ 15 minutes à 180 °C (le temps de cuisson peut légèrement varier en fonction des dimensions des ramequins). Laissez refroidir. Pour la garniture, faites fondre le chocolat au bain-marie ou au four à micro-ondes, puis laissez-le tiédir. Tamisez la ricotta et montez-la avec le sucre. Ajoutez-y le chocolat en filet, tout en mélangeant. Montez la crème, en veillant à ce qu'elle reste onctueuse, et incorporez-la à la ricotta. Garnissez les cupcakes, en les décorant au gré de vos envies.

Préparation : 15' - Cuisson : 15'
Difficulté : facile

CUPCAKES AUX PÊCHES ET À L'AMARETTO

INGRÉDIENTS POUR ENVIRON 12 CUPCAKES

Pour la pâte
75 g de beurre
75 g de sucre
1 œuf
70 ml de lait
25 ml de liqueur Amaretto
175 g de farine 00
100 g de pêches au sirop égouttées
50 g d'amaretti
8 g de levure chimique pour desserts
sel

Pour la garniture
150 ml de crème
40 g de sucre
100 g de pêches au sirop égouttées
1 feuille de colle de poisson

PRÉPARATION

Dans un saladier, travaillez soigneusement le beurre ramolli avec le sucre.
Ajoutez l'œuf, puis le lait.
Incorporez la farine, tamisée avec la levure et mélangée avec une pincée de sel.
Ajoutez les pêches coupées en petits cubes, les amaretti émiettés (réservez-en une cuillerée pour la garniture) et la liqueur Amaretto.
Remplissez aux 3/4 les ramequins en papier et laissez cuire au four pendant environ 15 minutes à 180 °C (le temps de cuisson peut légèrement varier en fonction des dimensions des ramequins).
Laissez refroidir. Pour la garniture, ramollissez la colle de poisson dans de l'eau froide.
Entre-temps, mixez les pêches avec le sucre.
Essorez la colle de poisson et incorporez-la à la pulpe de pêches.
Montez la crème et incorporez-la.
Avec cette crème, garnissez les cupcakes, en les décorant au gré de vos envies.

Préparation : 20' - Cuisson : 15'
Difficulté : facile

CUPCAKES SALÉS

CUPCAKES AUX POIVRONS

INGRÉDIENTS POUR ENVIRON 12 CUPCAKES

Pour la pâte

20 ml d'huile de tournesol, maïs ou arachide

2 œufs

135 g de farine 00

10 g de Parmigiano Reggiano râpé

10 g de levure chimique non vanillée

1 poivron rouge

sel et poivre

Pour la garniture

200 g de ricotta

olives noires dénoyautées

sel et poivre

PRÉPARATION

Faites cuire le poivron au four à 180 °C pendant environ 15-20 minutes, jusqu'à ce qu'il soit ramolli. Epluchez-le et passez-le ensuite au mixeur.
Dans un saladier, battez les œufs avec l'huile, 70 g de purée de poivron, sel et poivre.
Ajoutez la farine, mélangée à la levure et au fromage.
Mélangez les ingrédients, sans casser la préparation.
Remplissez aux 3/4 les ramequins en papier et laissez cuire au four pendant environ 15 minutes à 180 °C (le temps de cuisson peut légèrement varier en fonction des dimensions des ramequins).
Laissez refroidir.
Pour la garniture, montez la ricotta à l'aide d'un fouet, puis incorporez 50 g de purée de poivron.
Salez et poivrez avant de garnir les cupcakes.
Complétez par une rondelle d'olive noire.

Préparation : 45' - Cuisson : 15'
Difficulté : facile

CUPCAKES AUX GRAINES DE SÉSAME, LIN ET TOURNESOL

INGRÉDIENTS POUR ENVIRON 15 CUPCAKES

Pour la pâte
30 ml d'huile extra-vierge d'olive
3 œufs
100 ml de lait
200 g de farine 00
25 g de Parmigiano Reggiano râpé
35 g de graines de tournesol
20 g de graines de sésame
15 g de graines de lin
16 g de levure chimique non vanillée
sel et poivre

Pour la garniture
200 g di robiola fresca
20 ml d'huile extra-vierge d'olive
sel et poivre

PRÉPARATION

Dans un saladier, battez les œufs avec l'huile et le lait, en ajoutant sel et poivre.
Incorporez la farine, mélangée avec la levure et le Parmigiano Reggiano, et les graines (réservez-en un peu pour garnir la surface des cupcakes).
Mélangez les ingrédients, sans casser la préparation.
Remplissez aux 3/4 les ramequins en papier et laissez cuire au four pendant environ 15 minutes à 180 °C (le temps de cuisson peut légèrement varier en fonction des dimensions des ramequins).
Laissez refroidir.
Pour la garniture, mélangez le fromage frais avec l'huile ; si nécessaire, salez et poivrez.
Garnissez les cupcakes, en les décorant avec quelques graines de sésame, lin et tournesol.

Préparation : 15' - Cuisson : 15'
Difficulté : facile

CUPCAKES AU BASILIC ET AUX PIGNONS DE PIN

INGRÉDIENTS POUR ENVIRON 8 CUPCAKES

Pour la pâte
20 ml d'huile extra-vierge d'olive
2 œufs
75 ml de lait
135 g de farine 00
20 g de Parmigiano Reggiano râpé
35 g de fromage caciotta
10 g de levure chimique non vanillée
10 feuilles de basilic
35 g de pignons de pin
sel et poivre

Pour la garniture
100 g de ricotta
5 ml d'huile extra-vierge d'olive
60 (50 + 10) g de Parmigiano Reggiano râpé
4 feuilles de basilic
sel et poivre

PRÉPARATION

Coupez le fromage en petits dés ; lavez et essuyez le basilic, puis découpez finement ses feuilles à la main. Dans un saladier, battez les œufs avec l'huile, le lait, le sel et le poivre. Ajoutez la farine, mélangée à la levure, puis les fromages, les pignons de pin et le basilic. Mélangez les ingrédients, sans casser la préparation.
Remplissez aux 3/4 les ramequins en papier et laissez cuire au four pendant environ 15 minutes à 180 °C (le temps de cuisson peut légèrement varier en fonction des dimensions des ramequins).
Laissez refroidir. Pour la garniture, travaillez la ricotta à l'aide d'un fouet dans un saladier ; ajoutez l'huile en filet, puis 10 g de Parmigiano Reggiano râpé et le basilic (lavé, séché et haché). Salez et poivrez au besoin.
Dans une petite poêle antiadhésive, préparer des gaufrettes avec les 50 g de Parmigiano Reggiano restants. Garnissez les cupcakes avec la mousse et décorez-les avec les gaufrettes.

Préparation : 20' - Cuisson : 15'
Difficulté : facile

CUPCAKES AU CACIOCAVALLO ET AUX CHAMPIGNONS

INGRÉDIENTS POUR ENVIRON 8 CUPCAKES

Pour la pâte

25 (20 + 5) ml d'huile de tournesol, maïs ou arachide

2 œufs

70 ml de lait

135 g de farine 00

20 g de Parmigiano Reggiano râpé

80 g de fromage Caciocavallo

125 g de champignons

10 g de levure chimique non vanillée

1 branche de thym

1 gousse d'ail

sel et poivre

Pour la garniture

Fromage Caciocavallo

PRÉPARATION

Émondez les champignons, coupez-les en petits dés et faites-les revenir à la poêle pendant 2 minutes, avec un filet d'huile, l'ail et le thym. Salez et poivrez.
Coupez le Caciocavallo en petits dés.
Dans un saladier, battez les œufs avec 20 ml d'huile, le lait, le Parmigiano Reggiano râpé, le sel et le poivre.
Ajoutez la farine, mélangée à la levure, puis le Caciocavallo et les champignons.
Mélangez les ingrédients, sans casser la préparation.
Remplissez aux 3/4 les ramequins en papier et laissez cuire au four pendant environ 15 minutes à 180 °C (le temps de cuisson peut légèrement varier en fonction des dimensions des ramequins).
Laissez refroidir.
Garnissez chaque cupcake avec un copeau de Caciocavallo, obtenu à l'aide de l'outil spécialement prévu à cet effet.

Préparation : 30' - Cuisson : 15'
Difficulté : facile

CUPCAKES AU GORGONZOLA ET AUX NOIX

INGRÉDIENTS POUR ENVIRON 12 CUPCAKES

Pour la pâte
20 ml d'huile de tournesol, maïs ou arachide
2 œufs
65 ml de lait
135 g de farine 00
70 g de Parmigiano Reggiano râpé
80 g de Gorgonzola
10 g de levure chimique non vanillée
70 g de noix décortiquées
sel et poivre

Pour la garniture
150 g de Gorgonzola
70 g de beurre
cerneaux de noix

PRÉPARATION

Dans un saladier, battez les œufs avec l'huile, le lait, le sel et le poivre. Ajoutez la farine, mélangée à la levure, le Parmigiano Reggiano râpé et les noix émiettées. Mélangez les ingrédients sans casser la préparation, en y incorporant aussi le Gorgonzola coupé en petits dés. Remplissez aux 3/4 les ramequins en papier et laissez cuire au four pendant environ 15 minutes à 180 °C (le temps de cuisson peut légèrement varier en fonction des dimensions des ramequins). Laissez refroidir.

Pour la garniture, montez le beurre ramolli à l'aide d'un fouet ; ajoutez le Gorgonzola coupé en petits dés et continuez de monter. Garnissez chaque cupcake avec un peu de crème au Gorgonzola et un cerneau de noix.

Préparation : 20' - Cuisson : 15'
Difficulté : facile

CUPCAKES AU PARMIGIANO REGGIANO

INGRÉDIENTS POUR ENVIRON 12 CUPCAKES

Pour la pâte
30 ml d'huile extra-vierge d'olive
3 œufs
100 ml de lait
200 g de farine 00
150 g de Parmigiano Reggiano râpé
16 g de levure chimique non vanillée
sel et poivre

Pour la garniture
100 ml de crème
40 g de Parmigiano Reggiano râpé
1 feuille de colle de poisson

PRÉPARATION

Dans un saladier, battez les œufs avec l'huile, le lait, le sel et le poivre.
Ajoutez la farine, mélangée à la levure et au Parmigiano Reggiano.
Mélangez les ingrédients, sans casser la préparation.
Remplissez aux 3/4 les ramequins en papier et laissez cuire au four pendant environ 15 minutes à 180 °C (le temps de cuisson peut légèrement varier en fonction des dimensions des ramequins).
Laissez refroidir.
Pour la garniture, faites bouillir la crème dans une petite casserole ; ensuite, hors du feu, ajoutez la colle de poisson, ramollie dans de l'eau froide, et faites-la fondre.
Ajoutez le Parmigiano Reggiano râpé et mélangez.
Salez et poivrez, puis laissez refroidir.
Montez bien avec le fouet et garnissez les cupcakes.

Préparation : 20' - Cuisson : 15'
Difficulté : facile

CUPCAKES AU BACON ET AUX POIREAUX

INGRÉDIENTS POUR ENVIRON 10 CUPCAKES

Pour la pâte
20 ml d'huile extra-vierge d'olive
2 œufs
75 ml de lait
135 g de farine 00
10 g de beurre
20 g de Parmigiano Reggiano râpé
1 poireau
45 g de bacon
10 g de levure chimique non vanillée
sel et poivre

Pour la garniture
10 fines tranches de bacon
huile de friture

PRÉPARATION

Coupez le bacon en petits dés.
Emondez le poireau et coupez-le en fines lanières.
Cuisez 100 g de poireau à l'étouffée avec le beurre ; ajoutez-y les petits dés de bacon et faites revenir le tout.
Dans un saladier, battez les œufs avec l'huile, le lait, le sel et le poivre.
Joignez les poireaux, la farine avec la levure et le fromage ; mélangez sans casser la préparation.
Remplissez aux 3/4 les ramequins en papier et laissez cuire au four pendant environ 15 minutes à 180 °C (le temps de cuisson peut légèrement varier en fonction des dimensions des ramequins).
Laissez refroidir.
Pour la garniture, faites griller les tranches de bacon au four pour les rendre croustillantes.
Entre-temps, faites frire le poireau restant dans de l'huile bouillante.
Egouttez-le sur du papier absorbant.
Garnissez les cupcakes avec le bacon croustillant et un peu de poireau frit.

Préparation : 1 h - Cuisson : 15'
Difficulté : facile

CUPCAKES AUX BROCOLIS ET AU JAMBON

INGRÉDIENTS POUR ENVIRON 15 CUPCAKES

Pour la pâte
20 ml d'huile extra-vierge d'olive
2 œufs
40 ml de lait
135 g de farine 00
20 g de Parmigiano Reggiano râpé
90 g de jambon de Paris, coupé en petits dés
1 petit brocoli
10 g de levure chimique non vanillée
sel et poivre

Pour la garniture
150 g de jambon de Paris
70 g de beurre
sel et poivre

PRÉPARATION

Émondez le brocoli et cuisez-le pendant 5 minutes dans de l'eau bouillante salée. Égouttez-le puis, une fois refroidi, pesez-en 150 g. Dans un saladier, battez les œufs avec l'huile, le lait, le sel, le poivre et le brocoli, qui sera réduit en bouillie. Ajoutez la farine, mélangée à la levure et au fromage, ainsi que le jambon de Paris coupé en petits dés. Mélangez les ingrédients, sans casser la préparation. Remplissez aux 3/4 les ramequins en papier et laissez cuire au four pendant environ 15 minutes à 180 °C (le temps de cuisson peut légèrement varier en fonction des dimensions des ramequins). Laissez refroidir.

Pour la garniture, coupez le jambon et le beurre bien froid en petits dés et mixez-les jusqu'à obtenir une mousse. Si nécessaire, salez et poivrez avant de garnir les cupcakes.

Préparation : 30' - Cuisson : 15'
Difficulté : facile

CUPCAKES AUX GAMBAS ET AUX NOISETTES

INGRÉDIENTS POUR ENVIRON 12 CUPCAKES

Pour la pâte
20 ml d'huile extra-vierge d'olive
2 œufs
65 ml de lait
135 g de farine 00
100 g de queues de gambas
35 g de Parmigiano Reggiano râpé
35 g de noisettes grillées et broyées
11 g de levure chimique non vanillée
sel et poivre

Pour la garniture
100 g de mayonnaise
12 queues de gambasgambero
5 ml d'huile extra-vierge d'olive
persil
sel

PRÉPARATION

Décortiquez et dénervez les gambas, puis coupez-les en petits morceaux, en réservant 12 pour la garniture.
Dans un saladier, battez les œufs avec l'huile, le lait, le sel et le poivre.
Ajoutez la farine, mélangée à la levure, puis le fromage, les gambas coupées en petits dés et les noisettes broyées. Mélangez les ingrédients, sans casser la préparation.
Remplissez aux 3/4 les ramequins en papier et laissez cuire au four pendant environ 15 minutes à 180 °C (le temps de cuisson peut légèrement varier en fonction des dimensions des ramequins).
Laissez refroidir.
Pour la garniture, faites revenir 12 queues de gambas (1 minute par côté) dans une poêle avec de l'huile et une pincée de sel.
Décorez les cupcakes avec la mayonnaise, les gambas et quelques feuilles de persil, préalablement lavées et séchées.

Préparation : 20' - Cuisson : 15'
Difficulté : facile

CUPCAKES AUX OLIVES

INGRÉDIENTS POUR ENVIRON 15 CUPCAKES

Pour la pâte
20 ml d'huile extra-vierge d'olive
2 œufs
65 ml de lait
135 g de farine 00
50 g de mozzarella
65 g d'olives vertes dénoyautées
15 g de pâte d'olives
10 g de levure chimique non vanillée
sel et poivre

Pour la garniture
70 g de ricotta
5 ml d'huile extra-vierge d'olive
10 g de Parmigiano Reggiano râpé
olives vertes dénoyautées
sel et poivre

PRÉPARATION

Dans un saladier, battez les œufs avec l'huile, le lait, le sel, le poivre et la pâte d'olives.
Ajoutez la farine, mélangée à la levure, puis la mozzarella coupée en petits dés et les olives coupées en rondelles.
Mélangez les ingrédients, sans casser la préparation.
Remplissez aux 3/4 les ramequins en papier et laissez cuire au four pendant environ 15 minutes à 180 °C (le temps de cuisson peut légèrement varier en fonction des dimensions des ramequins).
Laissez refroidir.
Pour la garniture, travaillez la ricotta à l'aide d'un fouet dans un saladier ; ajoutez l'huile en filet, puis le Parmigiano Reggiano râpé.
Salez et poivrez.
Garnissez les cupcakes avec la crème à la ricotta et décorez-le avec une demi-olive.

Préparation : 15' - Cuisson : 15'
Difficulté : facile

CUPCAKES AUX TOMATES SÉCHÉES ET À L'ORIGAN

INGRÉDIENTS POUR ENVIRON 12 CUPCAKES

Pour la pâte

20 ml d'huile extra-vierge d'olive
2 œufs
65 ml de lait
135 g de farine 00
65 g d'emmental râpé
30 g de tomates séchées
11 g de levure chimique non vanillée
3 feuilles de basilic
origan
sel et poivre

Pour la garniture

60 g de beurre ramolli
15 g de pâte d'anchois
1 tomate séchée
origan

PRÉPARATION

Dans un saladier, battez les œufs avec l'huile et le lait, en ajoutant sel et poivre. Ajoutez la farine, mélangée à la levure, puis le fromage, les tomates séchées coupées en petits morceaux, le basilic (lavé, séché et haché grossièrement) et l'origan. Mélangez les ingrédients, sans casser la préparation. Remplissez aux 3/4 les ramequins en papier et laissez cuire au four pendant environ 15 minutes à 180 °C (le temps de cuisson peut légèrement varier en fonction des dimensions des ramequins). Laissez refroidir. A l'aide d'un fouet, montez le beurre ramolli avec la pâte d'anchois. Garnissez les cupcakes, en les décorant avec des tomates séchées coupées en fines lanières et de l'origan.

Préparation : 20' - Cuisson : 15'
Difficulté : facile

CUPCAKES AU JAMBON DE PARIS ET AU PROVOLONE

INGRÉDIENTS POUR ENVIRON 10 CUPCAKES

Pour la pâte
20 ml d'huile extra-vierge d'olive
2 œufs
75 ml de lait
135 g de farine 00
10 g de Parmigiano Reggiano râpé
100 g de Provolone
100 g de jambon de Paris
10 g de levure chimique non vanillée
sel et poivre

Pour la garniture
100 g de jambon de Paris (en une seule tranche)
30 g de beurre
sel et poivre

PRÉPARATION

Coupez le jambon de Paris et le Provolone en petits dés.
Dans un saladier, battez les œufs avec l'huile, le lait, le sel et le poivre.
Ajoutez la farine, mélangée à la levure, puis les fromages et le jambon.
Mélangez les ingrédients, sans casser la préparation.
Remplissez aux 3/4 les ramequins en papier et laissez cuire au four pendant environ 15 minutes à 180 °C (le temps de cuisson peut légèrement varier en fonction des dimensions des ramequins).
Laissez refroidir.
Pour la garniture, travaillez le beurre ramolli à l'aide d'un fouet, puis salez et poivrez.
Faites griller la tranche de jambon puis, à l'aide d'un emporte-pièce, réalisez autant de ronds qu'il y a de cupcakes.
Disposez quelques gouttes de beurre sur chaque cupcake et posez-y dessus un rond de jambon grillé.

Préparation : 15' - Cuisson : 15'
Difficulté : facile

CUPCAKES AU JAMBON DE PARME

INGRÉDIENTS POUR ENVIRON 12 CUPCAKES

Pour la pâte
20 ml d'huile extra-vierge d'olive
2 œufs
65 ml de lait
135 g de farine 00
70 g de Parmigiano Reggiano râpé
80 g de jambon de Parme
10 g de levure chimique non vanillée
sel et poivre

Pour la garniture
12 tranches de jambon de Parme

PRÉPARATION

Dans un saladier, battez les œufs avec l'huile, le lait, le sel et le poivre. Ajoutez la farine, mélangée à la levure et au Parmigiano Reggiano râpé. Mélangez les ingrédients sans casser la préparation, en y incorporant aussi le jambon de Parme coupé en petits dés. Remplissez aux 3/4 les ramequins en papier et laissez cuire au four pendant environ 15 minutes à 180 °C (le temps de cuisson peut légèrement varier en fonction des dimensions des ramequins). Laissez refroidir. Garnissez chaque cupcake avec une petite tranche de jambon de Parme.

Préparation : 15'- Cuisson : 15'
Difficulté : facile

CUPCAKES À LA RICOTTA ET AUX FINES HERBES

INGRÉDIENTS POUR ENVIRON 12 CUPCAKES

Pour la pâte
20 ml d'huile extra-vierge d'olive
2 œufs
65 ml de lait
135 g de farine 00
100 g de ricotta
15 g de Parmigiano Reggiano râpé
150 g de fines herbes
11 g de levure chimique non vanillée
sel et poivre

Pour la garniture
200 ml de crème
50 g de Parmigiano Reggiano râpé
2 feuilles de colle de poisson
paprika
sel

PRÉPARATION

Lavez, émondez et hachez les fines herbes.
Dans un saladier, battez les œufs avec l'huile, la ricotta, les fines herbes, le lait, le sel et le poivre.
Ajoutez la farine, tamisée avec la levure puis mélangée au Parmigiano Reggiano râpé.
Mélangez les ingrédients, sans casser la préparation.
Remplissez aux 3/4 les ramequins en papier et laissez cuire au four pendant environ 15 minutes à 180 °C (le temps de cuisson peut légèrement varier en fonction des dimensions des ramequins).
Laissez refroidir.
Pour la garniture, portez la crème à ébullition et faites-y fondre la colle de poisson, ramollie dans de l'eau froide et essorée.
Incorporez le Parmigiano Reggiano râpé et ajoutez une pincée de sel.
Décorez les cupcakes avec un peu de crème et saupoudrez de paprika.

Préparation : 30' - Cuisson : 15'
Difficulté : facile

CUPCAKES AU SAUMON FUMÉ ET AU FENOUIL

INGRÉDIENTS POUR ENVIRON 12 CUPCAKES

Pour la pâte
30 (20 + 10) ml d'huile extra-vierge d'olive
2 œufs
65 ml de lait
135 g de farine 00
15 g de Parmigiano Reggiano râpé
45 g de saumon fumé
200 g de fenouil
11 g de levure chimique non vanillée
origan
sel et poivre

Pour la garniture
150 g de ricotta
50 ml de crème
6 tranches de saumon fumé
aneth
sel

PRÉPARATION

Émondez et lavez le fenouil, puis coupez-le en petits dés et faites-le revenir pendant 5 minutes dans une poêle avec 10 ml d'huile extra-vierge d'olive, sel, poivre et un peu d'eau. Laissez refroidir. Dans un saladier, battez les œufs avec l'huile restante, le lait, le sel et le poivre. Ajoutez la farine, mélangée à la levure, puis le fromage, le saumon coupé en fines lanières et les dés de fenouil. Mélangez les ingrédients, sans casser la préparation. Remplissez aux 3/4 les ramequins en papier et laissez cuire au four pendant environ 15 minutes à 180 °C (le temps de cuisson peut légèrement varier en fonction des dimensions des ramequins). Laissez refroidir.

Pour la garniture, montez la crème et incorporez-y la ricotta tamisée. Relevez avec une pincée de sel et de l'aneth cisaillé. Décorez les cupcakes avec un peu de crème et une demi-tranche de saumon fumé.

Préparation : 30' - Cuisson : 15'
Difficulté : facile

CUPCAKES AU THON

INGRÉDIENTS POUR ENVIRON 12 CUPCAKES

Pour la pâte
20 ml d'huile extra-vierge d'olive
2 œufs
150 g de thon à l'huile
10 g de filets d'anchois à l'huile
65 ml de lait
135 g de farine 00
10 g de Parmigiano Reggiano râpé
8 g de câpres
10 g de levure chimique non vanillée
sel et poivre

Pour la garniture
50 g de mayonnaise
câpres
filets d'anchois

PRÉPARATION

Égouttez le thon et les anchois ; rincez les câpres à l'eau courante.
Mixez le tout jusqu'à obtenir une pâte.
Dans un saladier, battez les œufs avec l'huile, le lait, le sel et le poivre.
Ajoutez 75 g de pâte de thon, câpres et anchois.
Mélangez avec soin.
Ajoutez la farine, mélangée à la levure et au Parmigiano Reggiano râpé.
Mélangez les ingrédients, sans casser la préparation.
Remplissez aux 3/4 les ramequins en papier et laissez cuire au four pendant environ 15 minutes à 180 °C (le temps de cuisson peut légèrement varier en fonction des dimensions des ramequins).
Laissez refroidir.
Ajoutez la mayonnaise à la pâte de thon, câpres et anchois, puis garnissez les cupcakes.
Décorez avec un filet d'anchois et un câpre.

Préparation : 20' - Cuisson : 15'
Difficulté : facile

INDEX ALPHABÉTIQUE DES RECETTES

INDEX ALPHABÉTIQUE DES INGRÉDIENTS

Toutes les photographies sont la propriété de Academia Barilla, à l'exception des suivantes :
©123RF : images timer ; Aaron Amat/123RF : page 7 ; belchonock/123RF : page 5 ;
Ruth Black/123RF : page 8 ; Elena Elisseeva/123RF : page 128 ;
Christophe Kajzar/123RF : page 12 ; Iryna Melnyk/123RF : page 2 ;
Orbit504/iStockphoto : couverture ; pixelbliss/123RF : page 1 ;
Ivonne Wierink/123RF : page 123

ACADEMIA BARILLA

AMBASSADEUR DE LA GASTRONOMIE ITALIENNE DANS LE MONDE

Au coeur de Parme, l'une des capitales de la gastronomie, s'élève, non loin du siège historique de la société Barilla, le Barilla Center, qui abrite la structure moderne d'Academia Barilla. Fondée en 2004, l'institution a pour vocation de promouvoir l'art culinaire italien, de préserver le patrimoine gastronomique de la région, de le protéger contre les imitations et les contrefaçons, et de valoriser la grande tradition de la restauration italienne. Lieu de convergence de compétences et de savoir-faire uniques dans le monde de la cuisine, elle organise des cours de cuisine pour les passionnés de gastronomie et propose des services spécialisés aux opérateurs du secteur, en s'appuyant sur des produits de haute qualité. En 2007, Academia Barilla s'est vu décerner le prix « Entreprise et culture » pour ses activités de promotion de la culture gastronomique et de la créativité italienne dans le monde. Ses locaux ont été conçus pour répondre aux exigences de formation dans le secteur de l'alimentation.
Autour d'un extraordinaire auditorium gastronomique, on trouve un restaurant, un laboratoire d'analyse sensorielle et plusieurs salles de cours dotées des technologies les plus modernes. La bibliothèque gastronomique comprend plus de 11 000 ouvrages spécialisés ainsi qu'une collection de menus historiques et de gravures sur l'art culinaire : le patrimoine culturel considérable de la bibliothèque est consultable via Internet et permet l'accès à des centaines de textes historiques numérisés. Ces installations de pointe ainsi que la présence d'une équipe d'enseignants de réputation internationale s'adressent aussi bien aux professionnels de la restauration qu'aux simples passionnés de cuisine. Academia Barilla organise par ailleurs des manifestations culturelles et des rencontres de valorisation de la science culinaire destinées au grand public, auxquelles participent des chefs et des critiques gastronomiques. Elle soutient aussi le « Premio Cinema » réservé aux courts métrages consacrés à la tradition alimentaire italienne.

www.academiabarilla.it

NOTES

EDITIONS WHITE STAR

WS Editions White Star™ est une marque déposée,
propriété exclusive de De Agostini Libri S.p.A.

Via G. da Verrazano, 15 - 28100 Novara, Italie
www.whitestar.it - www.deagostini.it

Traduction : Irène Gallo - Suivi éditorial et pao : EdiText

ISBN 978-88-6112-592-6
Dépôt légal : septembre 2014
1 2 3 4 5 6 18 17 16 15 14

Imprimé en Chine

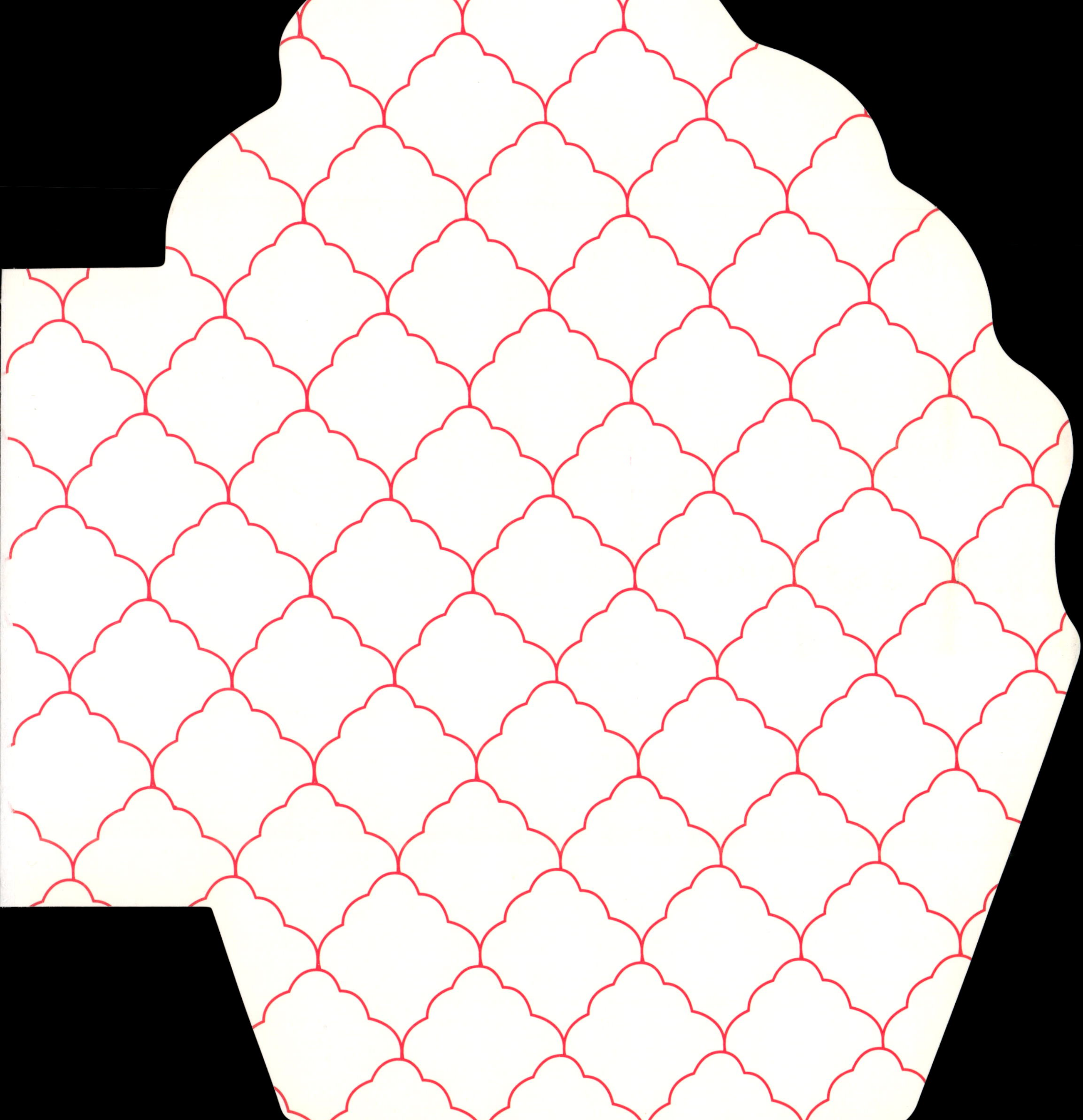

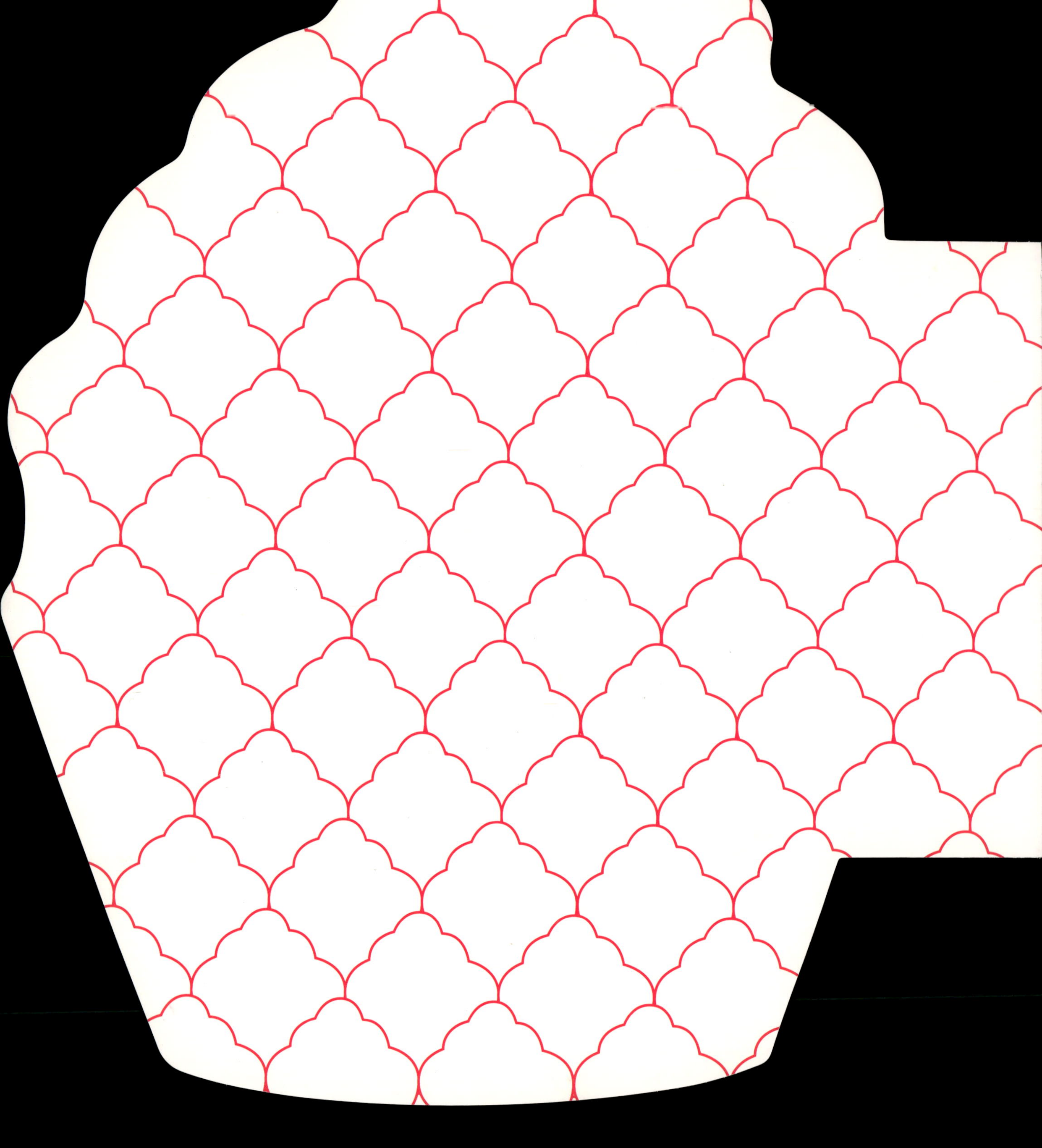